# NOTICE

SUR LES

# BIBLIOTHÈQUES PUBLIQUES

## DU DÉPARTEMENT DU TARN

PAR

EMILE JOLIBOIS

ARCHIVISTE DE CE DÉPARTEMENT.

ALBI
IMPRIMERIE ERNEST DESRUE.
1870.

# NOTICE

SUR LES

# BIBLIOTHÈQUES PUBLIQUES

## DU DÉPARTEMENT DU TARN

PAR

EMILE JOLIBOIS

ARCHIVISTE DE CE DÉPARTEMENT.

ALBI
IMPRIMERIE ERNEST DESRUE.
1870.

# NOTICE

### sur les

# BIBLIOTHÈQUES PUBLIQUES

## DU DÉPARTEMENT DU TARN.

### I.

#### LÉGISLATION.

Il y a en France des bibliothèques publiques dans tous les chefs-lieux de département et dans un grand nombre de chefs-lieux d'arrondissement.

On sait que ces établissements littéraires ont été formés, à la Révolution, des bibliothèques provenant des communautés religieuses supprimées. On y avait aussi déposé les livres trouvés chez les individus émigrés ou condamnés; mais ces livres ont été presque tous rendus à leurs anciens propriétaires.

Les bibliothèques publiques constituent un trésor national dont la conservation doit être l'objet constant de la sollicitude de l'administration. Et ce trésor doit s'accroître, dans l'intérêt du progrès, car c'est la source des connaissances nécessaires au développement des lettres, des sciences, des arts et de l'industrie.

C'est ce qu'avaient bien compris les premiers législateurs de la Révolution, et de nombreux décrets témoignent de l'intérêt soutenu qu'ils ont porté à cette partie de l'administration publique. Sans doute, il y a eu des pertes regrettables, des dilapidations même; mais pouvait-il en être autrement au milieu d'un bouleversement général? — Le gouvernement a fait son devoir, car dès 1790, quand il s'est agi de lever les scellés apposés sur les propriétés devenues nationales, il a appelé tout spécialement l'attention des commissaires sur les chartes, les livres, les objets d'art, et il s'est empressé de publier des instructions relatives à la conservation de ces objets précieux, ordonnant aux officiers municipaux d'en donner de suite un état sommaire (26 mars et 15 décembre 1790). Les livres furent ensuite transportés au chef-lieu de chaque district et les directoires demeurèrent chargés d'en faire dresser les catalogues. Ce fut un travail de plusieurs années, que dirigeait le Comité d'instruction publique de Paris, et tout particulièrement Grégoire et Lakanal.

Mais il fallait utiliser ces précieuses collections. En 1794, la Convention décréta la fondation de bibliothèques dans tous les districts et la réunion dans ces établissements, qu'elle confiait à la garde des bons citoyens, des manuscrits, chartes, médailles et antiquités provenant des maisons nationales. Puis elle prescrivit des mesures de conservation. Elle ne se contenta pas de flétrir le vandalisme qui consistait à détruire ou mutiler les livres, sous prétexte de faire disparaître les signes de la royauté et de la féodalité; elle ordonna de rassembler dans les dépôts publics tous les livres et parchemins qui seraient donnés librement pour être brûlés, et, sur le rapport de Grégoire, elle édicta une peine de deux ans de détention contre ceux qui dilapideraient les dépôts littéraires. Il fut encore défendu d'établir des ateliers ou des magasins de matières combustibles près des bibliothèques, dont les bâtiments furent mis à la charge de l'État, ainsi que le traitement des bibliothécaires.

Toutefois, les dépôts de livres n'avaient pas encore de destination particulière en 1795; alors la Convention, dont les pouvoirs allaient expirer, voulut utiliser ces dépôts au profit de l'instruction publique, et, par un nouveau décret, elle chargea les administrations départementales d'établir une bibliothèque près de chaque école centrale. Les livres devaient être choisis dans tous les dépôts du département; et le reste était destiné à former de petites bibliothèques dans les communes qui le désireraient. C'était très-bien; mais, par le même décret, les écoles spéciales étaient autorisées à requérir, hors du département où elles étaient établies, tous les livres qui leur seraient utiles et qui leur manqueraient. Cette mesure donna lieu, par la suite, aux plus graves abus. Il y eut alors, dans chaque département, un bibliothécaire rétribué par l'État; mais la bibliothèque centrale ne devait être ouverte au public que quand le catalogue en serait parvenu au ministère de l'intérieur. C'était encore un retard, car il fallait dresser ce catalogue et, les cartes rédigées par les premiers commissaires ayant été centralisées à Paris pour la bibliographie générale, tout le travail était à refaire.

Ainsi, les bibliothèques publiques avaient été comprises dans le vaste plan d'organisation des établissements scientifiques et littéraires conçu par la Convention; malheureusement, cette partie du programme fut négligée sous le Directoire, et, au commencement du Consulat, le ministre de l'intérieur signifia aux villes (janvier 1800) que celles-là seules recevraient des bibliothèques qui s'engageraient à préparer un local convenable, à payer le bibliothécaire et à subvenir aux frais d'entretien.

Depuis cette époque, et pendant près de quarante ans, le gouvernement ne s'est plus occupé que très-rarement des bibliothèques publiques des départements, et dans le seul but d'obtenir des renseignements statistiques sur ces établissements. Enfin, l'ordonnance du 22 février 1839 traça les règles d'administration qui sont encore en vigueur. Un décret du 20 février 1809 avait bien statué que les manuscrits ne pouvaient être publiés sans l'autorisation du ministre, mais aucune mesure n'avait été prescrite pour révéler au public l'existence de ces manuscrits; c'est seulement en 1841 qu'on ordonna la rédaction et la publication d'un catalogue général, et une commission spéciale se mit immédiatement à l'œuvre. Libri exerça les fonctions de secrétaire de cette commission pendant cinq ans, et l'on sait quelles graves circonstances le forcèrent à donner sa démission. Le premier volume du catalogue général parut en 1849.

D'après l'ordonnance de 1839, l'État est propriétaire des bibliothèques des départements; il en laisse l'usufruit aux villes où elles sont établies, aux conditions que nous avons déjà fait connaître, et il ne prétend exercer sur ces établissements publics qu'une mission de surveillance et de conseil. Les catalogues sont déposés au ministère de l'instruction publique, où ils constituent le grand-livre des bibliothèques de France. L'état des acquisitions doit être adressé, chaque année, au ministère. La nomination du bibliothécaire appartient au maire; mais elle doit être soumise à l'approbation du ministre. Le traitement est fixé par le conseil municipal et porté au budget communal, ainsi que le fonds d'entretien de l'établissement. Le règlement intérieur est rédigé par le maire, qui nomme un comité de surveillance et d'achat de livres. Les bibliothèques publiques doivent faire des acquisitions et elles reçoivent des dons du gouvernement. Toute aliénation de livres, imprimés ou manuscrits, de chartes, diplômes, médailles, etc., est interdite. Les échanges ne peuvent se faire que du consentement du ministre.

A ces prescriptions administratives, nous ajouterons quelques conseils dictés par l'expérience : une bibliothèque publique qui ne s'ouvrirait que rarement et où les visiteurs ne trouveraient pas toutes les facilités désirables serait un trésor inutile. Il faut que le bibliothécaire sache se faire aimer du public. Le catalogue doit, autant que possible, être imprimé. Les objets précieux, comme les manuscrits et les éditions du XV$^e$ siècle, doivent avoir un catalogue particulier et être mis en évidence, mais sous clef.

## II.

### ORIGINE DES BIBLIOTHÈQUES PUBLIQUES DU DÉPARTEMENT DU TARN.

Le département du Tarn a été formé par décret du 26 février 1790. L'administration centrale siégea d'abord à Castres, puis, par suite de mouvements royalistes, elle quitta cette ville et proclama Albi chef-lieu, par un arrêté du 22 septembre 1797 (1$^{er}$ vendémiaire an VI) qu'approuvèrent le Conseil des Anciens et celui des Cinq-Cents.

Le Tarn était divisé en cinq districts; mais celui de Lacaune fut supprimé par la Constitution de l'an VIII; il n'y eut plus alors que les quatre arrondissements qui existent encore, et dont les chefs-lieux sont: Albi, Castres, Gaillac et Lavaur. D'ailleurs, nous n'avons pas à nous occuper ici du district de Lacaune, qui n'eut pas de dépôts de livres.

La partie du territoire national dont la Constituante forma le département du Tarn comprenait : l'archevêché d'Albi et son chapitre métropolitain ; les évêchés de Castres et de Lavaur, avec leurs chapitres cathédraux ; le chapitre abbatial de Gaillac ; cinq collégiales, huit abbayes, une Chartreuse, dix-sept couvents d'hommes, douze couvents de femmes, trois colléges, deux séminaires et quelques autres associations religieuses moins importantes. Les couvents de femmes ne renfermaient pas de livres ; mais l'archevêché et les deux évêchés étaient pourvus de bibliothèques, ainsi qu'un grand nombre de communautés d'hommes : le chapitre métropolitain, la collégiale de Castres ; l'abbaye de Candeil, la Chartreuse, les Dominicains de Castres et d'Albi, les Cordeliers de Lavaur, de Rabastens, de Castres, de Lautrec et d'Albi ; les Capucins de Castres, d'Albi, de Lavaur et de Graulhet ; les Carmes d'Albi, le séminaire de cette ville et les Doctrinaires du collége de Lavaur.

D'après les instructions, tous les livres provenant de ces bibliothèques devaient être déposés dans les chefs-lieux des districts ; mais, au milieu des circonstances où l'on se trouvait, il était impossible que cette opération se fît avec la régularité désirable ; aussi, beaucoup de volumes qui auraient dû être portés à Gaillac ou à Lavaur se retrouvèrent à Castres, d'autres à Albi, et la bibliothèque de l'archevêque de Bernis alla tout entière à Toulouse, avec les tableaux et les objets d'art qui appartenaient au prélat. Les mêmes instructions prescrivaient de faire immédiatement des catalogues sur cartes, et il était bien difficile de trouver dans chaque district des hommes spéciaux ; d'ailleurs, n'était-il pas à craindre que les bibliophiles qui consentiraient à s'occuper de livres, au milieu des préoccupations politiques, le fissent moins dans l'intérêt public que dans le but de profiter du désordre pour enrichir leurs collections. Nous ne savons pas au juste quelle fut tout d'abord l'importance numérique des quatre dépôts littéraires du département du Tarn; mais, malgré les pertes qu'ils ont pu éprouver pendant la confection des premiers catalogues, on y comptait encore, en 1800, près de 50,000 volumes, dont 10,000 environ d'ouvrages dépareillés.

L'École centrale ayant été ouverte à Albi le 20 avril 1796 (1er floréal an IV), le dépôt de livres de cette ville fut érigé en bibliothèque départementale, et les dépôts de Castres et de Lavaur devinrent bibliothèques secondaires. François Massol, ancien chanoine de la métropole, fut nommé conservateur de la bibliothèque centrale. Il pouvait compléter cette bibliothèque aux dépens des deux autres; mais il déclara qu'il n'userait de ce droit « qu'avec beaucoup de discrétion, de réserve et de fraternité », et il tint parole. Les commissaires qui voyageaient pour la bibliothèque de Paris, et surtout celui qui fut chargé de former la bibliothèque de l'École de médecine de Montpellier, avaient le droit de prendre partout, et ils n'eurent pas le même scrupule que le bibliothécaire du Tarn.

C'est surtout après 1800, lorsque le gouvernement eut cédé les collections littéraires aux municipalités, que l'on fit abus du décret de 1795. Chardon de Larochette avait été accrédité, près des autorités locales, comme commissaire de la bibliothèque de Paris. Le ministre Chaptal, ancien professeur à l'École de médecine de Montpellier, lui adjoignit Prunelle, son ancien élève, avec mission de visiter les bibliothèques de France, et d'y prendre les ouvrages imprimés ou manuscrits qu'il croirait utiles à cette école. Ces deux commissaires exploitèrent principalement les départements du Midi, où ils avaient des amis, et que cependant ils traitaient avec beaucoup trop de légèreté. Le 23 mars 1804, Chardon était à Nîmes; il y attendait l'autorisation ministérielle pour enlever les manuscrits Séguier. Il se proposait, cette affaire terminée, de gagner le Tarn et l'Aveyron, et il écrivait au bibliothécaire Barbier : « Il n'y a aucune nouvelle littéraire dans ce pays; tout le monde y mange, y digère, y boit bien, et voilà tout ce qu'il faut à ces bonnes gens. » — Ne pouvait-il pas, au moins, se dispenser d'insulter les gens qu'il venait dépouiller! — Son voyage dans le Tarn fut retardé par la difficulté des chemins que les pluies avaient effondrés; mais il y vint, et sans l'énergique opposition de Massol et du préfet Latourrette, il aurait enlevé les éditions les plus rares, les manuscrits les plus précieux de la bibliothèque d'Albi. Prunelle avait déjà fait son choix dans le département; il avait expédié plusieurs caisses de livres à Montpellier; d'autres étaient prêtes, mais le Préfet les retenait, et il avait écrit au ministre :

« Citoyen Ministre, j'ai l'honneur de vous adresser
« quelques observations sur votre lettre du 7 ger-
« minal (an XII), relative aux livres choisis dans
« les dépôts du département par le citoyen Prunelle,
« et que je dois remettre à lui ou à son procureur
« fondé. Il m'a paru très-évidemment que le citoyen
« Prunelle avait dépassé ses instructions : elles por-
« taient sur des livres de médecine seulement, ou
« autres ouvrages doubles. J'eus l'honneur de vous
« représenter, par ma lettre du 12 ventôse, com-
« bien il était affligeant et nuisible au progrès des
« lumières dans le département de priver les prin-
« cipales villes des ressources que leur offraient
« leurs bibliothèques, surtout ce qui n'avait pas trait
« à la médecine; votre dernière lettre m'a annoncé
« que vous ne jugiez pas qu'il y eût à revenir sur
« ce point; mais il en est un autre qui vraisem-
« blablement ne vous est pas connu, puisque les
« états que Votre Excellence m'a envoyés ne sont
« ni approuvés, ni visés par Elle. Le citoyen Pru-
« nelle n'a pas même épargné les ouvrages les plus

« communs et les plus étrangers à la médecine ;
« il a demandé jusqu'à deux et trois doubles des
« mêmes ouvrages, là où ils se sont trouvés. Ce ne
« saurait donc être pour la même bibliothèque, et
« je n'ai rien vu d'indicatif de cette marche dans
« vos instructions. Ces considérations, Citoyen Mi-
« nistre, ont dicté ma lettre; j'ai osé même prendre
« sur moi de suspendre la livraison des ouvrages
« indiqués, jusques à nouvel ordre de votre part.
« Veuillez bien prononcer sur le contenu de la pré-
« sente, et votre ordre sera exécuté sur-le-champ.
« Salut et respect. LATOURRETTE. »

Ces observations étaient justes, et cependant elles ne furent écoutées qu'en ce qui concernait la ville d'Albi.

Malheureusement ces commissaires n'étaient pas seuls à dépouiller les bibliothèques publiques, et parmi les particuliers qui enrichirent leurs collections littéraires aux dépens des dépôts de livres nationaux existant dans les départements du Midi, nous devons signaler le comte Mac-Carthy.

Justin Mac-Carthy, chef de la seconde branche des Mac-Carthy d'Irlande, qui prétendaient descendre des rois de Corck, était né au mois d'août 1744, à Spring-house, dans le comté de Tipperary. Catholique, il émigra en 1765 et vint en France jouir de la liberté que les protestants français allaient au contraire chercher dans son pays. Des relations qu'il avait eues avec quelques familles de Toulouse le fixèrent dans cette ville, où il fit acquisition du bel hôtel Saint-Félix. Il acheta encore plusieurs terres en Languedoc, et, en 1776, il devint l'un des principaux seigneurs de l'Albigeois par la vente que lui fit le marquis de Caylus de la terre de ce nom, au diocèse de Castres. Il posséda cette terre, qui était une baronnie des Etats, jusqu'en 1786, et la céda au marquis d'Urre. Le comte Mac-Carthy jouissait d'une fortune considérable. Il en employa une grande partie à former une bibliothèque qui, par le nombre et l'importance des manuscrits qu'elle renfermait, la rareté des éditions, la beauté des exemplaires, le luxe des reliures, était comptée parmi les plus belles de l'Europe. L'agitation politique n'arracha pas notre bibliophile à sa passion favorite; il resta en France et sut profiter de la suppression des établissements religieux pour enrichir ses collections. Il mourut le 31 décembre 1811, et, comme il arrive le plus souvent, les trésors littéraires et artistiques qu'il avait eu tant de peine à réunir furent dispersés. Le catalogue, que dressèrent les frères Debure, ne forme pas moins de deux volumes. Quand il fut terminé, en 1816, la bibliothèque Mac-Carthy fut transportée à Paris; on la mit en vente, et elle produisit 413,000 francs. Le *Moniteur* constate que les objets les plus précieux restèrent en France. Avant les enchères, les héritiers avaient fait offrir au Roi un choix des livres les plus rares, entre autres le *Psalmorum codex*, imprimé en 1457, exemplaire unique en France.

Aucun document n'indique la part que se firent Chardon et Prunelle dans les bibliothèques du Tarn; les renseignements sont très-incomplets pour Mac-Carthy; ce que nous savons, c'est qu'en 1813, le total des livres renfermés dans ces bibliothèques n'atteignait pas le chiffre de 20,000, c'est-à-dire qu'il était diminué de plus de moitié. Mais suivons l'histoire particulière de chacun de ces établissements.

## III.

#### BIBLIOTHÈQUES DE GAILLAC ET DE LAVAUR.

Les administrateurs du district de Gaillac semblent avoir manqué de zèle et d'activité dans l'exécution des décrets relatifs à la réunion au chef-lieu de tous les livres provenant des communautés religieuses supprimées. A la vérité, il n'y avait pas de bibliothèque considérable dans la circonscription; mais on aurait pu veiller avec plus de soin à la conservation de celle de Candeil, qui alla en partie à Lavaur et même à Castres, et prévenir la dispersion des quelques volumes trouvés dans les couvents de Capucins. Les choses ne furent régulièrement faites que par la municipalité de Rabastens, qui envoya trente sacs de livres provenant de cette ville, « de grands livres de chant et huit grands livres en vélin couverts en bois. »

Les catalogues ne furent pas rédigés avec plus de soin. En mai 1795, Lakanal réclamait les cartes avec instance, en rappelant que toute la responsabilité retombait sur l'agent national. On les fit à la hâte, et l'on s'empressa de les adresser à la Commission d'instruction publique, qui s'en contenta, « bien qu'elles fussent assez mal faites; » mais on réprimanda fortement les rédacteurs, qui avaient coupé des manuscrits pour faire leurs cartes sur vélin : « De quel droit, répond la Commission aux admi-
« nistrateurs dans l'accusé de réception, de quel
« droit vos commissaires bibliographes ont-ils mutilé
« de précieux ouvrages? — Était-il donc impossible
« de se procurer des cartes dans votre district? —
« Sans doute cette dégradation a échappé à votre
« surveillance; nous aimons à le croire; mais nous
« vous invitons à réprimer et à prévenir ces vanda-
« liques destructions et à ne rien négliger pour
« assurer la conservation des livres et autres objets
« de science et d'art en dépôt dans votre district et
« confiés à votre responsabilité. »

Cependant, il y avait encore, en 1800, environ 3,000 volumes à Gaillac; mais le dépôt de cette ville ne fut pas érigé en bibliothèque publique; il resta fermé. Prunelle y puisa; plus tard, l'évêque de Montpellier, qui avait le Tarn dans son diocèse, fut

— 14 —

autorisé à y prendre ce qui lui conviendrait; il n'y resta que quelques volumes de théologie dépareillés, et quelques ouvrages qu'il importait plus particulièrement à la ville de conserver, comme ceux de Gaubil, de Vaissète, et quelques autres relatifs à l'histoire de la province.

C'est seulement après 1830 que l'on fonda une bibliothèque publique à Gaillac, dans une des salles de l'hôtel de ville, et l'initiative en revient au docteur Rigal. Le premier bibliothécaire fut le secrétaire de la mairie, Hugonet, auteur d'un recueil manuscrit relatif à l'histoire de la ville. On réunit des ouvrages nouveaux à ce qui restait de l'ancien fonds, à l'exception des volumes de théologie, qu'on relégua au grenier; les sacrifices que s'imposa la ville pour cette œuvre d'utilité publique intéressèrent le gouvernement, qui fit des dons considérables, et aujourd'hui la bibliothèque de Gaillac, ouverte au public deux fois par semaine, compte environ 2,000 volumes. On y trouve les encyclopédies, de précieux ouvrages pour l'étude des langues anciennes, les polygraphes Voltaire, Rousseau, Chateaubriand; les œuvres de saint François de Sales, de Bossuet, de Fléchier, de Bourdaloue, de Massillon, de Lamennais; les conférences de Lacordaire; les œuvres philosophiques de Bacon et de Descartes; les principaux historiens, tant nationaux qu'étrangers; nos classiques : Corneille, Molière, Racine, Casimir Delavigne; les classiques étrangers : l'Arioste, Cervantes, Walter-Scott; dans la section des sciences : Buffon, Laplace, Cuvier, Alcide d'Orbigny; pour l'histoire locale : Catel, Vaissète, Daldéguier, Massol, Marturé, Fauriel, Mary-Lafon, etc., etc.

La bibliothèque de Lavaur est moins populaire, parce qu'elle est formée presque exclusivement d'ouvrages anciens. Elle est ouverte au public, mais peu fréquentée.

Les livres rassemblés à Lavaur provenaient de

l'évêque de cette ville et d'un de ses grands vicaires, d'une partie de la bibliothèque de Candeil, des Doctrinaires, des Capucins et des Cordeliers de Lavaur, des Capucins de Graulhet. Les instructions furent mal observées, et, pendant plusieurs années, la municipalité ne voulut pas accepter la responsabilité du dépôt, parce que les préposés à la surveillance étaient autres que ceux qu'elle avait désignés au choix de l'administration supérieure. On avait prêté au dehors beaucoup de livres qui n'étaient pas rentrés; un grand nombre d'ouvrages étaient dépareillés, tout était dans le plus grand désordre.

Cependant le dépôt de livres de Lavaur fut converti en bibliothèque publique, et il eut son bibliothécaire rétribué par le gouvernement. En 1801, le sous-préfet en demanda la conservation dans l'intérêt des établissements d'instruction publique et des tribunaux. On y comptait alors 3,649 volumes, ainsi répartis : théologie et morale, 1,259; — littérature et belles-lettres, 1,183; — histoire et géographie, 764; — physique et histoire naturelle, 161; — jurisprudence, 145; — médecine et chirurgie, 72; — astronomie et mathématiques, 65.

Cette bibliothèque était installée dans une des salles de la mairie. Elle fut bientôt laissée à la charge de la ville, qui réduisit le traitement du bibliothécaire de 1,000 à 200 fr. Quelques livres de théologie furent rendus à des prêtres, chez lesquels ils avaient été saisis; Prunelle fit son choix; l'évêque de Montpellier prit, comme à Gaillac, ce qui lui convenait, et, en 1813, le catalogue n'accuse plus que 3,040 volumes. Ce chiffre diminua encore dans les années suivantes; on cessa de voter le traitement d'un conservateur, et la bibliothèque fut fermée.

C'est seulement en 1861 qu'eut lieu la réouverture de cet établissement littéraire, qui s'est enrichi de quelques ouvrages modernes, et compte aujourd'hui environ 4,000 volumes, dont un seul manuscrit, sans grande importance, car ce n'est qu'une copie des pièces du procès fait aux conspirateurs Cinq-Mars et de Thou. Parmi les ouvrages remarquables, nous mentionnerons une bible polyglotte; plusieurs éditions des Pères, un Plutarque *ex typis regiis,* un Horace de Plantin, quelques autres classiques latins sortis des presses des Elzevirs. On trouve aussi à Lavaur des œuvres d'auteurs albigeois : l'*Histoire de l'Académie* de Pélisson, la précieuse *Histoire du Languedoc* de dom Vaissète, *les Trois Siècles* de Sabatier, etc., et la plupart des traductions de la célèbre M<sup>me</sup> Dacier, dont le nom doit avoir sa place d'honneur dans nos annales.

## IV.

### CASTRES. — LES BIBLIOTHÉCAIRES BÉRENGER ET ROUSSEAU.

Dans le district de Castres, qui profita encore du peu de zèle des commissaires de Gaillac et de Lavaur, le chapitre cathédral, héritier de l'ancienne abbaye Saint-Benoît; la Chartreuse de Saïx; les Cordeliers, les Dominicains, les Trinitaires et les Capucins avaient des bibliothèques; mais celle de l'évêché, que l'évêque Quiqueran de Beaujeu, mort en 1735, avait léguée à ses successeurs, était la plus importante. Le tout fut réuni dans l'hôtel Frascati, ancienne propriété des Malauze, passée à la famille Labarthe.

Castres eut la bonne fortune de pouvoir confier ce dépôt à un homme instruit et aimant les livres, à Bérenger.

Jean-Jacques-Louis Bérenger, plus connu sous le nom de Fidel, était né à Genève, le 13 septembre 1736, de parents français et protestants, réfugiés dans cette ville lors de la révocation de l'édit de Nantes. Il y avait fait ses études. Son père le destinait au ministère évangélique ; mais, sur les représentations d'un négociant de Marseille, parrain du jeune étudiant, il changea de résolution et le mit en apprentissage chez un horloger. A l'âge de 16 ans, Bérenger quitte la maison paternelle. Il passe à Annecy, où il se fait catholique. L'année suivante, il prend l'habit de Capucin dans le royaume de Naples, et, en 1757, ses supérieurs l'envoient en Languedoc, où, après avoir été reçu prêtre à Albi, il exerce dans diverses paroisses des diocèses d'Albi et de Castres. Mais il paraît que son orthodoxie laissait à désirer, et, en 1776, on l'envoya dans la Martinique, en qualité de missionnaire. Il était curé d'une paroisse de l'île et aimé de tous ses paroissiens, lorsque la Révolution éclata dans la mère patrie. A la nouvelle de ce grand événement, il s'embarqua. Après une traversée continuellement orageuse, le vaisseau qui le portait fit naufrage à quatre lieues de Bayonne, la veille de Noël 1792. Bérenger échappa à la mort, et il eut le bonheur de sauver une petite cassette où étaient les papiers qui faisaient preuve de son état et une somme de 2,500 fr. que ses amis lui avaient fait passer à bord, car il n'avait pas pris le temps de régler ses affaires en quittant la colonie. Après être resté quelques mois à Bayonne, il se rendit aux sollicitations de l'évêque constitutionnel du Tarn et vint exercer son ministère dans le diocèse d'Albi. Mais il était à peine installé que les églises furent fermées, et il fut interné à Castres avec tous les prêtres de l'arrondissement.

C'est alors qu'un des amis de Bérenger lui fit confier par le Comité d'instruction publique l'organisation du dépôt littéraire de Castres, et on lui adjoignit Rousseau, qui était en même temps architecte et peintre. Les deux commissaires se mirent aussitôt à l'œuvre. Leur projet était grandiose : il s'agissait de transformer l'hôtel Frascati en un *Muséum national* réunissant tous les objets sé-

questrés relatifs aux lettres, aux sciences et aux arts. Nous avons sous les yeux le curieux devis dressé par Rousseau pour l'appropriation du bâtiment à cette nouvelle destination : tout doit être refait dans le style grec et les quatre grandes salles prennent des noms et reçoivent des décorations caractéristiques de l'époque. Les maçons, les menuisiers, les peintres, mis en réquisition, travaillaient nuit et jour. Bérenger, de son côté, rédigeait les cartes du catalogue, et nous devons dire à sa louange que, dans sa position officielle, il n'oublia pas les prêtres ses confrères, dont il sut améliorer le sort en les requérant comme secrétaires. Lui-même, d'ailleurs, n'était guère bien traité. Sans doute, il logeait à Frascati, mais dans une chambre dépourvue de meubles; il couchait sur la paille, et comme sa santé était déjà fortement ébranlée, il fut forcé de réclamer au district une paillasse, un matelas, une couverture et une table. Il était aussi très-mal payé, et lorsqu'il s'entendit avec son collègue « pour se plaindre de l'insuffisance de leur traitement, qui les réduisait presque à l'indigence, et pour faire appel à l'humanité des administrateurs, » on leur alloua à chacun, par jour et provisoirement, un traitement équivalant au prix de *trois livres de pain*.

Des mouvements réactionnaires, qui eurent lieu à cette époque dans le département, ayant été attribués au clergé, les représentants Mallarmé et Bouillerot, en mission à Castres, exilèrent tous les prêtres à Toulouse. Bérenger dut quitter Frascati; mais son éloignement ne dura que deux mois, et il se remit à l'œuvre avec une nouvelle ardeur. Il avait hâte d'ouvrir ses galeries, et, le 12 janvier 1794, il écrivait au district qu'il pouvait livrer au public, cinq jours par décade, *la salle du Peuple souverain*, et, comme cette salle était pavée, il demandait qu'on autorisât Rousseau à aller prendre tous les parquets de la Chartreuse, toutes les nattes du chœur et du réfectoire, et encore la crédence en marbre, avec son support en fer doré, qu'il destinait au surveillant. Cette autorisation fut accordée par les représentants. Quelques jours après, Bérenger, dans son impatience, communiquait au district un *avis* qu'il voulait qu'on publiât de suite; mais c'était chose impossible; la loi était formelle : il n'y avait pas encore de bibliothèques en titre, et nul dépôt de livres ne pouvait être ouvert au public avant l'organisation générale. On ne lui permit pas non plus de faire des échanges comme il le désirait, et le district ayant consulté à ce sujet la Commission exécutive de l'instruction publique, Ginguené répondit : « Nous avons reçu le dernier résultat du travail bibliographique de votre district; les cartes sont faites et classées avec beaucoup d'intelligence. Nous applaudissons aux moyens que vous prenez pour assurer la conservation des livres et autres objets d'art et de sciences en dépôt dans votre district et confiés à votre surveillance; mais nous ne pouvons pas vous donner l'autorisation que vous demandez pour échanger ou vendre; tout doit être conservé avec soin jusqu'à l'époque, très-prochaine, où nous pourrons nous occuper de la répartition des livres et de la formation des bibliothèques nationales. »

On sait que les bibliothèques publiques ne furent organisées dans le Tarn qu'en 1796. Bérenger n'eut pas la satisfaction d'assister à l'ouverture de celle de Castres. Lors du rétablissement du culte, il avait accepté la cure de Réalmont, où il avait prêché le carême deux ans avant son départ pour les îles. Alors il renoua ses relations, mais pour peu de temps, avec ses bons paroissiens de la Martinique : « Je voudrais bien aller vous retrouver, leur écrivait-il, mais la misère et un asthme qui me tourmente m'en empêchent. » Il mourut dans sa nouvelle paroisse, le 17 novembre 1802, en catholique soumis. Il déclare dans son testament que, s'il a été pendant un temps fortement attaché à la Constitution civile du clergé, c'est que, souhaitant de tout son cœur voir revivre l'antique discipline de la primitive Eglise, il regardait cette Constitution comme capable d'opérer ce grand bien. Il léguait tout ce qui pouvait encore lui appartenir dans la Martinique à l'hôpital de Réalmont, mais à la condition qu'on n'exercerait aucune poursuite. Le compte fait, il resta environ 1,200 fr., provenant de la vente de quatre esclaves que prirent des amis de leur ancien maître.

Rousseau avait été nommé bibliothécaire; mais il dut renoncer au vaste projet de fonder à Castres un *Muséum national,* car la bibliothèque centrale avait été établie à Albi, qui devint bientôt après le chef-lieu administratif du département.

En 1800, la bibliothèque de Castres renfermait 18,465 volumes, environ 3,000 hors de service et un grand nombre de brochures relatives aux discussions religieuses du XVIII$^e$ siècle et aux luttes politiques pendant la période révolutionnaire. On y remarquait 101 manuscrits, quatorze éditions du XV$^e$ siècle, une rare collection des théologiens, prédicateurs et polémistes de la Réforme, et les ouvrages de plusieurs Albigeois : Pierre Gilles, Borel, Roquayroles, Pélisson, Vaissète, Icard, etc., etc. — Mais aussi il y avait beaucoup de doubles. Rousseau y fit entrer quelques ouvrages nouveaux; cependant, avant sa mort, arrivée en 1805, il dut prévoir la ruine d'une œuvre qu'il avait commencée avec de si grandes espérances.

## V.

### DILAPIDATION DE LA BIBLIOTHÈQUE DE CASTRES. — SA RÉORGANISATION. — LES MANUSCRITS.

La bibliothèque de Castres fut cédée à la ville

en 1803, et un arrêté du préfet, du 5 juillet, en ordonna le transfèrement de l'hôtel Frascati à la mairie. C'est pendant le désordre qui résulta de ce déplacement que Prunelle vint à Castres. Combien prit-il de volumes ? — Nous l'ignorons ; mais nous savons qu'en 1807, c'est-à-dire quatre ans après le transfèrement, il n'y avait plus que 6,029 volumes et une seule édition du XV$^e$ siècle. Quelques-uns, il est vrai, avaient été rendus à leurs anciens propriétaires, notamment à l'abbé Pous, de Mazamet; d'autres avaient été donnés aux séminaires ; mais en accordant encore quelques ouvrages à des bibliothèques particulières, qui se seraient enrichies sans droit, on est forcé de convenir que le dépôt littéraire de Castres a été sacrifié à d'autres établissements publics du même genre. Du reste, Prunelle avait déclaré « que les livres étaient aussi déplacés à Castres qu'à Lavaur ».

Depuis cette époque et pendant de longues années, la bibliothèque de Castres fut complétement abandonnée. En 1815, on y installa le conseil de discipline de la garde nationale; puis le juge d'instruction y tint ses audiences ; de telle sorte qu'en 1819, le sous-préfet déclarait qu'il n'existait pas de bibliothèque publique dans son arrondissement.

Après 1830, quelques amis des lettres, entre autres M. Ernest Alby, puis M. Anacharsis Combes, essayèrent de restaurer la bibliothèque de Castres; la ville fit quelques acquisitions ; M. de Falguerolles, député de l'arrondissement, s'intéressa à l'œuvre et obtint des dons du gouvernement; mais ces tentatives, abandonnées, reprises par M. Canet et abandonnées de nouveau, n'avaient eu, comme tout ce qui se fait sans suite, aucun résultat sérieux. C'est seulement depuis deux ans que la bibliothèque de Castres, qui renferme environ 4,000 volumes, est réorganisée, et l'administration municipale a eu l'heureuse idée d'y annexer une bibliothèque populaire ouverte tous les soirs de 8 à 10 heures.

Il nous reste à parler des manuscrits. Cette partie de notre notice serait très-courte, si nous voulions nous en tenir au présent, car il ne reste dans la bibliothèque publique de Castres qu'un seul manuscrit de la fin du XIVe siècle ou du commencement du XVe : c'est une Bible, grand in-fo vélin, à deux volumes, qui ne renferme qu'une partie des saintes Ecritures. Il est enrichi de lettres initiales ornées, de fleurons et de quelques dessins qui souvent envahissent les marges. Ce manuscrit provient de la Chartreuse de Saïx.

Mais, au commencement du siècle, il y avait à Castres 404 manuscrits. Nous avons pensé qu'il pouvait être utile de signaler les plus remarquables, et surtout ceux qui sont relatifs à l'histoire du pays castrais. Peut-être, sur ces indications, sera-t-il possible de les retrouver dans quelques bibliothèques publiques ou particulières.

Le plus ancien de ces manuscrits était un *Liber canonum* du IXe siècle, in-fo vélin, à 2 colonnes, écriture en lettres arabes n'ayant pas la forme carrée et pleine de l'écriture gothique. C'est la collection de canons attribuée à Isidore Mercator et, pendant longtemps, à Isidore de Séville. Elle renferme les fausses décrétales depuis Clément Ier jusqu'à Sirice, et les conciles tenus jusqu'en 683. On croit que cette collection fut apportée d'Espagne et répandue en France, vers 800, par Rieulphe, archevêque de Mayence. Notre *Liber* était connu du monde savant et, il y a quelques années, un docteur allemand fit le voyage de Castres pour le consulter; mais le précieux volume avait déjà disparu.

Nous placerons au second rang un in-12 carré, à 2 colonnes, avec initiales ornées. On y trouve l'explication, en langue vulgaire, des Commandements de Dieu, de l'Oraison dominicale et du Symbole; des commentaires sur les vertus, sur les péchés, etc., etc. — Une note indique que ce recueil a été fait par un frère prêcheur « a la requesta del rey Philip de Fransa lan de la Incarnatio de Nostre Senhor MCCLXXIX. »

Mais le manuscrit le plus précieux, sous le double rapport de l'histoire et de l'art, était celui des *Croniques de France*, un volume in-f° de 409 feuillets, à 2 colonnes. Les premiers chapitres de ces chroniques sont très-abrégés. Depuis le sacre de Clovis, ils sont plus détaillés et accompagnés de miniatures représentant les principaux faits. Pour le règne de Charlemagne, l'auteur cite Eginhard et l'archevêque Turpin. Le règne de Philippe finit au feuillet 289, et jusque-là l'écriture est de la même main. On lit à la fin de ce règne : *Explicit les Grandes Croniques de France*. — Vient ensuite le règne de Louis VIII, d'une autre écriture, qui se continue jusqu'à la fin du chapitre intitulé : *De l'Occision de Bruges et de la Feinte Jacques de S. Pol*. — En tête du chapitre suivant, on lit : *Devise de la bataille de Courtray*, — et en note : *Ces Croniques sont à madame Jehane Damboise D<sup>e</sup> de Revel et de Tyfanges*. — Depuis ce chapitre jusqu'à la page 365, l'écriture est encore d'une autre main et les vignettes sont plus grossièrement dessinées. Enfin, de la page 365 à la fin du volume, c'est un autre copiste et les faits sont relatifs aux guerres des Français, en Flandre, et contre les Anglais. Chaque chapitre porte une date, et la dernière est 1347.

Citons encore deux manuscrits du XIII<sup>e</sup> siècle, sur vélin, avec miniatures et initiales ornées : le *Decretum aureum Gratiani cum glossâ Bart. Brixiensis*, et le *Compendium decretalium cum multis tractatibus*.

Il y avait aussi trois volumes in-4° manuscrits, du XVII<sup>e</sup> siècle, dont la perte est bien regrettable, puisqu'ils concernent la Chartreuse. Le premier, intitulé : *Narratio rerum gestarum in Lupatariensi et Castrensi Cartusiis, scripta anno 1629,* est un recueil de documents et d'études sur les droits, charges et prérogatives de ces deux maisons; il est surchargé de corrections et paraît avoir servi à la rédaction du volume suivant, ayant pour titre : *Historia fundationis, progressionis et ruinæ Cartusiarum Lupatariensis et Castrensis, scripta anno 1629, revisa anno 1650.* Cette histoire est précédée d'une épître dédicatoire signée : *F. Amabilis Chatard*, et adressée à D. Antoine Texier, prieur de la Chartreuse de Castres, transférée à Toulouse. Le troisième volume est un abrégé du précédent.

Enfin, la bibliothèque de Castres possédait une copie des *Mémoires* de Gaches, in-f° de 599 pages.

C'est tout ce que nous croyons devoir signaler, car nous ignorons si le *Paraphrase sur le catéchisme*, par François Bourgoin, ministre du saint Evangile, in-8° parchemin, 1564, a été imprimé. Il y avait encore des traités de théologie et quelques livres d'heures du XIVe siècle; mais les autres manuscrits, qui appartenaient pour la plupart aux deux derniers siècles, étaient sans grande valeur.

A quelle époque ces manuscrits sont-ils sortis de la bibliothèque de Castres? — Leur existence dans cet établissement est constatée en 1800; mais, sept ans après, on n'y trouve plus, à côté de la Bible des Chartreux, que le *Liber canonum*, les *Croniques de France*, les *Mémoires* de Gaches et quatre volumes de théologie. 93 volumes ont donc été perdus pendant ces sept années. Le reste a été pris depuis l'année 1807.

## VI.

### LA BIBLIOTHÈQUE D'ALBI. — MASSOL.

La prise de possession des livres provenant des communautés religieuses supprimées se fit avec d'autant plus de régularité, dans le district d'Albi, que toutes ces communautés se trouvaient au chef-lieu. Il y avait 10,853 imprimés et 128 manuscrits, qui furent déposés dans le couvent des Carmes, aujourd'hui palais de justice. On avait trouvé à l'archevêché 1,059 volumes, dont 4 manuscrits; mais, comme nous l'avons dit, la bibliothèque du cardinal de Bernis avait été furtivement transportée à Toulouse. Le chapitre métropolitain avait 1,860 imprimés et 124 manuscrits, dont plusieurs fort précieux; le séminaire 1,000 imprimés; les Capucins 1,996; les Dominicains 2,414; les Carmes 1,112; les Cordeliers 1,412. Des commissaires bibliographes furent chargés de faire sur cartes le catalogue de ce dépôt. Leur travail était terminé au mois de décembre 1794, et toutes les cartes furent adressées au Comité d'instruction publique à Paris. On en avait fait, sur cahiers, une copie dont Lakanal demanda communication, quelques mois après, et qu'il ne renvoya pas.

C'est alors que Massol fut nommé conservateur du dépôt littéraire d'Albi, et aussitôt après son installation il se fit autoriser à le transférer dans le pavillon où est encore installée la bibliothèque publique. C'est une dépendance du bâtiment de l'ancien archevêché.

Massol, qui, comme Bérenger aimait les livres et les connaissait, travaillait à la rédaction d'un catalogue raisonné, lorsque parurent les instructions pour la formation des bibliothèques des écoles centrales. On sait déjà qu'il fut continué dans ses fonctions et nommé par le ministre bibliothécaire du département. Il aurait pu enrichir sa bibliothèque aux dépens des dépôts de livres des autres districts : il ne le voulut pas; mais il insista pour rentrer en possession des livres du cardinal, et le Comité d'instruction publique du département ayant joint ses instances à celles du bibliothécaire, le ministre de l'intérieur ordonna enfin la réintégration, avec injonction de remplacer les ouvrages qui ne pourraient pas être retrouvés par d'autres pris dans les dépôts littéraires de la Haute-Garonne. On se garda bien, à Toulouse, d'exhiber le catalogue de la bibliothèque du cardinal, et ce qu'on présenta de livres n'était que la cinquième partie de ce que contenait cette belle bibliothèque. On fut donc forcé de se contenter de doubles. L'expéditeur les mit dans les paniers qui avaient servi au transport de la bibliothèque de Lefranc de Pompignan, et il en chargea, en retour, une charrette qui avait conduit des boulets à Toulouse. Toutefois cette réintégration permit de compléter beaucoup de collections.

La bibliothèque d'Albi ne put être ouverte au public qu'en 1797; mais, depuis l'installation de l'École centrale, Massol prêtait aux professeurs et souvent aux élèves les livres dont ils pouvaient avoir besoin. Tout était encore laissé à l'arbitraire des bibliothécaires. En 1801, le préfet du Tarn demanda les catalogues des bibliothèques publiques de son département, et il se proposait de soumettre au ministre un projet de règlement général pour ces précieux établissements. En même temps, il prenait un arrêté pour l'établissement à Albi d'un musée départemental dont Massol avait démontré l'utilité en exposant quelques antiquités, des estampes et plusieurs objets d'histoire naturelle. Mais ces beaux projets furent bientôt abandonnés par l'administration, tout occupée d'intérêts plus pressants, et l'on se contenta de louer le zèle du bibliothécaire sans le seconder. « Le département doit de la reconnaissance à M. Massol, dit le préfet Lamarque dans sa *Statistique du département du Tarn*, pour avoir créé dans son sein un dépôt littéraire où un public avide d'instruction vient se familiariser tous les jours avec les sciences. » En effet, la bibliothèque était alors très-fréquentée, même par les ouvriers, que le savant bibliothécaire « conduisait comme par la main. » Il avait su inspirer le goût des études sérieuses à la jeunesse albigeoise, qui malheureusement semble aujourd'hui en méconnaître l'utilité et les charmes.

Les ressources mises à la disposition de Massol étaient à peu près nulles; mais il était autorisé à faire des échanges, et, par les relations qu'il établit avec Mac-Carthy et avec les frères de Bure, il parvint à se débarrasser utilement des doubles qui encombraient les rayons, à se procurer beaucoup d'ouvrages qui manquaient, surtout dans les sections des sciences, de l'histoire et de la littérature, car les communautés religieuses n'avaient guère fourni que des ouvrages de théologie. En 1803, la bibliothèque était transformée. Alors l'ancien catalogue fut supprimé et Massol en fit un nouveau dont le savant Peignot fait le plus grand éloge.

C'est à cette époque que Chardon et Prunelle vinrent à Albi. Ils y rencontrèrent une telle opposition et ils trouvèrent tout en si bon ordre, qu'ils n'osèrent pas démembrer la bibliothèque. Prunelle en écrivit au ministre, en déclarant que, s'il prenait à Albi quelques objets de curiosité pour Montpellier, il rendrait une compensation avantageuse. Les inspecteurs généraux de l'université vinrent peu de temps après, et comme il était alors question, dans les conseils du gouvernement, de supprimer du budget de l'Etat l'entretien des bibliothèques des départements, ils demandèrent, dans l'intérêt de l'instruction publique, que celle d'Albi fût cédée à la ville. C'est, en effet, ce qui arriva. Le Conseil municipal continua Massol dans ses fonctions, mais en réduisant son traitement de 1,400 à 800 francs, et en ne lui accordant que 200 francs pour l'entretien de l'établissement. C'était bien peu; « mais, écrivait au préfet, en 1843, notre modeste bibliothécaire, je m'en suis contenté et je m'en contente, connaissant les grands besoins de ma ville natale, et même la modicité de ce traitement m'a suffi jusqu'ici et pour salarier un aide et pour procurer à la bibliothèque diverses améliorations, d'environ 5,000 fr., dont je n'entends rien réclamer, trop heureux, au contraire, si vers la fin de ma carrière je puis augmenter ces sacrifices et contribuer ainsi à *rendre mes concitoyens plus utilement occupés, plus instruits et meilleurs.* » Les mots que nous avons soulignés se lisent encore au-dessus de la porte d'entrée de la grande galerie.

En 1813, la bibliothèque d'Albi renfermait 9,704 imprimés, sans doubles, et l'on conservait encore, en dehors du catalogue et pour remplir les rayons, environ 1,000 volumes destinés à être vendus ou échangés. La section d'histoire, la plus importante, avait 1,566 articles, la littérature 1,052, les sciences et les arts 915, les cultes 448, le droit 240. Dans le total étaient compris 150 manuscrits, ainsi répartis : théologie, 66; — histoire moderne, 44; — philologie, 7; — art oratoire, 6; — droit, 5; — poésie, 5; — géographie, 4; — grammaire, 3; — musique, 3; — économie politique, 2; — histoire des arts, 2; — histoire naturelle, 1.

Malgré tous les services que Massol avait rendus à la ville, il fut une des victimes de la réaction de 1815. Il ne s'était jamais occupé que de sa chère bibliothèque; on n'avait rien à lui reprocher sous le rapport politique; mais c'était un prêtre marié et les ultra du nouveau régime trouvèrent là une occasion de faire preuve de zèle. Fatigué des tracasseries de toutes sortes qu'ils lui suscitèrent et ne voulant pas, dit-il lui-même, « se montrer plus catholique que le Pape, ni plus royaliste que le Roi », il donna sa démission. Il était presque octogénaire. Cependant, il n'abandonna pas les livres, et, en 1818, il publia une *Description du département du Tarn*. Cet ouvrage, qui est suivi d'un précis historique sur l'ancien pays d'Albigeois et la ville d'Albi, n'est pas sans défauts ; on peut reprocher à l'auteur de n'être pas remonté aux sources ; mais il a du moins le mérite de l'impartialité.

Massol mourut à Albi le 14 décembre 1824, à l'âge de 87 ans.

## VII.

### LES MANUSCRITS D'ALBI. — ÉTAT ACTUEL DE LA BIBLIOTHÈQUE.

La réaction ne se contenta pas d'avoir arraché Massol aux modestes fonctions qu'il remplissait avec autant de zèle que de désintéressement ; elle critiqua son administration, qui, jusque-là, n'avait reçu que des éloges, et, dans les dernières années de sa vie, il fut obligé de se justifier.

On l'accusait d'avoir ruiné la bibliothèque au profit de Mac-Carthy. « Sans doute, répondit-il, j'ai eu des relations avec ce savant bibliophile, et elles m'ont été fort utiles, car je me trouvais en présence de beaucoup de collections à compléter et sans ressources, et si notre bibliothèque a été remarquée tout spécialement par le ministre, qui s'est plu à l'enrichir, c'est à Mac-Carthy que je le dois. » Puis il raconte comment il a fait sa connaissance : — Des ex-religieux, venus du fond de la Gascogne, offrirent à Massol huit manuscrits sur vélin, insignifiants sous le rapport littéraire, et qui n'avaient de curieux que quelques miniatures plus brillantes que correctes. Il les paya, de sa bourse, 50 écus, et après en avoir arraché les couvertures en bois qui étaient rongées des vers, il les porta à Mac-Carthy, en le priant de leur attribuer la valeur qu'il en donnerait, au premier mot, dans une vente. Mac-Carthy fut généreux et, pour ses 50 écus, Massol enrichit la bibliothèque de la ville de presque tous les classiques *variorum* et d'autres bons livres d'une valeur de 850 fr. — Il n'avait jamais fait avec Mac-Carthy que des échanges avantageux.

Mais on l'accusait surtout d'avoir cédé des manuscrits. A cette accusation, il pouvait se contenter de répondre qu'il n'avait consenti aucun échange sans l'autorisation ministérielle; il aima mieux donner des explications. D'abord, il prouva que, des vingt manuscrits signalés par ses accusateurs comme manquants, huit se trouvaient encore à leur place sur les rayons. Voici la description des douze autres, avec les prix auxquels ils ont été adjugés lors de la vente de la bibliothèque Mac-Carthy :

1º *Volumen de disciplinalibus*. Manuscrit du XIII$^e$ siècle, aux armes de France. C'est une espèce d'encyclopédie qui, après avoir appartenu au Pape Grégoire XI; à Jean, duc de Berri, ainsi que le prouvent la signature du prince et celle de son secrétaire, était venu en la possession de la famille de Crussol et fit partie d'une vente de livres faite au château de Castelnau-de-Lévis, quelques années avant la Révolution. Massol, qui assistait à cette vente pour le compte du chapitre, avait payé ce volume un louis. C'est lui qui le déchiffra et l'analysa. Le *Volumen* fut vendu 750 francs.

2º *La Fleur des histoires*, avec vignettes et miniatures. 4 vol. in-f$^o$, XV$^e$ siècle, 500 francs.

3º *Pontificale romanum*. Petit in-f$^o$ avec miniatures, XV$^e$ siècle, 320 francs.

4º Le deuxième volume de *Perceforest*, commençant à la septième rose et finissant à la douzième, ou dernier tournoi. In-f$^o$ à 2 col. avec miniatures, XV$^e$ siècle, 75 francs.

5º *Blondiflavii Roma triumphans*. In-f$^o$, vignettes et initiales or et couleur, XIV$^e$ siècle, 67 fr.

6º *Isidori episcopi Hispalensis liber ethimologiarum sive de originibus*. In-f$^o$ à 2 col., XIV$^e$ siècle, 52 francs.

7º *Bibliorum concordantiæ*. In-f$^o$ à 3 col., XIV$^e$ siècle, 25 francs.

8° *Dyonisii Areopagytæ opera de græco in latinum a I. Eringena, jubente Carolo rege, Ludovici imperatoris filio.* In-f°, IXᵉ siècle, 20 fr.

9° *D. Ambrosii de officiis libri III.* In-4°, vignettes et lettres initiales or et couleur, XVᵉ siècle, 20 francs.

10° *D. Bernardi epistolæ.* In-f° avec quelques vignettes or et couleur, XVᵉ siècle, 14 francs.

11° *Roscum memoriale divinorum eloquiorum.* In-8°, vignettes et lettres grises, XVᵉ siècle, 12 fr.

12° *Acta concilii Aquisgranensis habiti sub Ludovico Pio imperatore.* In-f° à 2 col., Xᵉ siècle, 10 francs.

La vente de ces douze manuscrits, qui tous étaient imprimés et dont les trois premiers seuls avaient quelque valeur, a donc produit une somme de 1,865 fr., et Massol prouva qu'en échange il avait obtenu des livres pour une valeur de 5,733 fr. Sans doute, il eût été préférable de conserver ces volumes, et c'est ce qu'il eût fait dans les circonstances ordinaires : « Je ne m'en serais jamais défait, dit-il, mais je voulais fonder à Albi une bibliothèque utile et je ne devais pas comme un bibliomane m'enthousiasmer pour des antiquités, et croyez bien que, si j'eusse continué d'entasser des doublures théologiques, canoniques et liturgiques, avec une douzaine de bouquins insignifiants, dont je tirai un si bon parti, aujourd'hui, au lieu de recevoir le beau et précieux ouvrage d'Egypte, il y a grande apparence que ma bibliothèque ne serait plus qu'un dépôt dans l'oubli. »

Nous avons dit que le nombre des manuscrits était de 150, en 1813. Lorsque le gouvernement ordonna la rédaction et la publication du catalogue général des manuscrits des bibliothèques publiques des départements, Libri, l'un des membres de la commission chargée de la direction de ce travail, fut envoyé dans le département du Tarn. Il resta plusieurs jours à Castres, où il se faisait, dit-on, apporter à manger dans la bibliothèque même, qui n'avait pas de conservateur. A Albi, il dressa un inventaire où il fait figurer, sous les n°s 30, 98, 99 et 100, quatre volumes qu'il n'a pas vus, puisqu'ils sont, depuis plus de quarante ans, dans la bibliothèque Rochegude, qui appartient bien à la ville, par suite d'une disposition testamentaire, mais qui malheureusement restera fermée tant que la parente du donateur en conservera l'usufruit. Or, l'inventaire Libri, revu par M. Ravaisson, et publié, en 1849, dans le premier volume du *Catalogue général*, ne décrit que 102 manuscrits, chiffre inférieur de 48 à celui que donnait Massol deux ans avant sa retraite. Libri, on le sait, a été accusé d'avoir commis de nombreuses soustractions dans les bibliothèques qu'il a visitées; il a même été condamné sur cette accusation; mais l'enquête judiciaire n'a fourni aucune preuve à l'égard de la bibliothèque d'Albi. Nous pouvons donc encore espérer que les manuscrits manquants ne sont qu'égarés et qu'ils se retrouveront. Sans doute, plusieurs de ces manuscrits n'avaient que peu de valeur; mais nous croyons utile de signaler ceux dont la perte serait le plus regrettable :

1° *Beati Gregorii papæ de vita et miraculis SS. virorum.* In-f°, VIII° siècle.

2° *Liber Evangeliorum per annum ecclesiasticum... ad usum ecclesiæ Narbonensis, cum calendario in fine.* In-4°, X° siècle.

3° *Gennadi episcopi Constantinopolitani catalogia de viris illustribus. — Item, Epistolæ selectæ B. Hieronymi.* In-f°, X° siècle.

4° *Expositio in quasdam Pauli epistolas.* In-f°, X° siècle.

5° *S. Gregorii papæ pastorale seu de pastorali cura liber.* In-12, XV° siècle.

6° *Joannis de Irlandia tractatus de immaculata conceptione Virginis Mariæ.* Vignettes et initiales or et couleur. In-8°, XV° siècle.

7° *Petri Ildefonsi liber de exemplis et proverbiis philosophorum.* In-8°, XV⁰ siècle.

8° *Leonardi epistolæ.* Lettres initiales ornées, miniatures. In-f°, XV⁰ siècle. Reliure en bois recouverte de velours cramoisi. Tranches dorées.

9° *S. Salvii episcopi Albiensis vita.* In-f°, XVI⁰ siècle. Papier.

10° *Catalogue des évêques d'Albi*, avec quelques notes sur la ville. In-8°, XVII⁰ siècle.

Quoi qu'il en soit, la bibliothèque publique de la ville d'Albi, qui renferme aujourd'hui de douze à treize mille volumes, est remarquable par le nombre et l'importance de ses manuscrits, par les belles éditions qui s'y trouvent réunies, et elle sera l'une des plus importantes des départements, quand on y aura versé la bibliothèque Rochegude.

Nous ne ferons pas la description des manuscrits, puisqu'il en existe un catalogue imprimé; il nous suffira de dire qu'il y en a un du VII⁰ siècle; un du VIII⁰, quinze du IX⁰, du siècle de Charlemagne; deux du X⁰; neuf du XI⁰; deux du XII⁰; six du XIII⁰; huit du XIV⁰; neuf du XV⁰; neuf du XVI⁰; vingt-six du XVII⁰; quatorze du XVIII⁰. — Le plus ancien est aussi le plus curieux, et des savants d'Allemagne sont venus le consulter et en tirer des fac-simile d'écritures mérovingiennes. C'est un petit in-f° renfermant vingt-deux pièces, entre autres : *Dictionnarium verborum synonymorum Ciceronis;* — *Chronicon S. Isidori;* — *Geographia cum tabula geographica et nominibus provinciarum Romanarum*, etc... Le catalogue Libri donne le fac-simile du premier feuillet de la Chronique d'Isidore et de la Carte géographique. On avait aussi fait remonter au VII⁰ siècle le *Collectio Canonum facta a Perpetuo presbitero, jubente Didone Albiensi episcopo;* mais ce manuscrit n'est évidemment qu'une copie du IX⁰ ou du X⁰ siècle. — Beaucoup de ces manuscrits sont enrichis de lettres ornées, et plusieurs renferment de belles miniatures, notamment une traduction de la géographie de Strabon, du XV⁰ siècle.

La bibliothèque d'Albi possède plus de cinquante éditions du XV⁰ siècle. La plus ancienne est le *Pauli Orosii historiæ, per Æneam castigatæ et per Leonardum impressæ circa ann. 1475* — Il y a deux éditions de 1478 et sept de 1480. — Vingt autres sont fort anciennes, mais sans date. On y remarque le Boétius *De Consolatione philosophica et scholarium disciplina, cum commentariis D. Thomæ, Badii Ascensii, nec non elucidationibus Raymundi Palasini Albiensis dicti Valderici*, où se trouve une épître de Palasini à Barthélemy de Manso, savant professeur de théologie, pénitencier de l'évêque d'Albi, et encore, au titre même, le *tetrastichon* suivant, en l'honneur du commentateur albigeois :

> Perpulchre enarrat sensa occultissima Thomas ;
> Cultior at Badius, si mihi credis, erit.
> Quid Raymundus ? — Habet quædam non dicta. — Quid
> Vis dicam verum ? — Celsior iste volat. [hoc est ?

Parmi les éditions du XVI⁰ siècle se trouvent plusieurs ouvrages traduits du grec en latin par Guillaume Leblanc, ou commentés par un autre Albigeois, le savant Pierre Gilles, et, pour les deux siècles suivants, plusieurs volumes relatifs à l'histoire de la province ou écrits par des auteurs nés en Languedoc.

Enfin, la bibliothèque d'Albi possède presque tous les grands ouvrages qui sont indispensables pour les études historiques ; les classiques grecs et latins et tous les classiques français en belles éditions, et la plupart des classiques dans les langues modernes. La section des sciences est la moins complète ; elle manque principalement d'ouvrages contemporains, et c'est à ce défaut que l'on doit pourvoir sur le fonds d'entretien, les dons du gouvernement rentrant presque exclusivement dans la section historique.

Pour être aussi complet que possible, nous devons ajouter que l'on retrouve encore dans la bibliothèque d'Albi, qui est ouverte tous les jours au public, une partie des gravures, des antiquités et des objets d'histoire naturelle que Massol y avait réunis, et que ce commencement de musée s'est enrichi, par les soins de M. Decazes, député du Tarn (1842), d'une belle collection minéralogique classée par les élèves de l'Ecole des mines, et d'objets rares et précieux d'histoire naturelle et de curiosité recueillis dans un voyage de circumnavigation, par M. Jaurès, alors lieutenant du vaisseau *la Danaïde*.

www.ingramcontent.com/pod-product-compliance
Lightning Source LLC
Chambersburg PA
CBHW061010050426
42453CB00009B/1356